ChatGPT, SEO et Copywriting:
Améliorez votre référencement naturel et boostez votre marketing digital

Léo Raphaël Pineda

ChatGPT, SEO et Copywriting:
Améliorez votre référencement naturel et boostez votre marketing digital

Copyright © 2023 Léo Raphaël

Tous droits réservés.

TABLE DES MATIÈRES

INTRODUCTION 9

CHATGPT POUR LES CREATEURS DE CONTENUS 13
- I. Que fait ChatGPT? 16
- II. Comment utiliser Chat GPT pour la rédaction SEO 18
- III. Comment puis-je utiliser ChatGPT pour le référencement?...19
- IV. Recherche de mots-clés et de contenus 21
- V. ChatGPT pour la recherche de mots clés ; Avantages 24
- VI. ChatGPT en SEO – Que dit Google ? 25
  1. ChatGPT pour créer des textes en SEO 27
  2. Que prendre en compte avant d'utiliser ChatGPT 29

CHATGPT ET SEO 31
- I. Qu'est-ce que le SEO ? 32
- II. Utiliser ChatGPT pour le référencement 33
  1. Recherche de mots-clés avec ChatGPT 35
  2. Générez des métatitres et de descriptions 36
  3. Générer des données structurées 38
  4. Recherche d'opportunités de création de liens 39
  5. Créer des filtres RegEx pour la CGC 40
  6. Génération de mots-clés de longue traîne et de contenu connexe 41
  7. Réécrivez les phrases pour éviter la répétition des mots 43
  8. Générer des FAQ 43
  9. Générer des résumés 44
  10. Trouver des synonymes 45
  11. Créer des titres pour les articles de blog 45
  12. Optimisation de l'image 49
  13. Création de contenu personnalisé 51

14. Identification des thèmes 52

III. Avantages de l'utilisation de l'IA pour le référencement 54

IV. Inconvénients de l'utilisation de l'IA pour le référencement 56

PROMPTS 59

I. Recherche de mots-clés 61
   1. Trouver des requêtes à longue traîne 61
   2. Obtenir les mots-clés LSI 61
   3. Classer les mots-clés par intention de recherche 61
   4. Créer des clusters de mots-clés 62

II. SEO On-Page & Optimisation de contenu 62
   1. Effectuer une analyse SEO On-Page de base 62
   2. Sujets de contenu de remue-méninges 63
   3. Générer un aperçu du contenu 63
   4. Créer un brief de contenu 63
   5. Générer des titres de page par contenu 64
   6. Générer des méta-descriptions 64
   7. Trouver et résoudre les problèmes de grammaire 64
   8. Sauvegardez votre contenu par des données 65
   9. Trouver des FAQ relatives au contenu 65
   10. Rédigez des CTA forts et efficaces 65
   11. Générer du texte ALT par URL 66
   12. Générer du texte ALT par description 66
   13. Gagnez des extraits en vedette en utilisant NLP contenu 66
   14. Trouver des lacunes thématiques 67
   15. Reformuler le contenu pour se débarrasser du plagiat 67

III. Optimisation hors page 67
   1. Trouvez des sites Web populaires dans votre créneau 67
   2. Rédiger des courriels de sensibilisation 68
   3. Doubler la création de liens HARO 68
   4. Descriptions des épingles Pinterest 69

CONCLUSION 70

DU MÊME AUTEUR 73

Introduction

Le monde du marketing digital évolue rapidement et il est crucial pour les entreprises de rester à jour avec les dernières tendances et outils pour améliorer leur visibilité en ligne.

Le référencement naturel (SEO) est un élément clé pour atteindre cet objectif, car il permet d'optimiser le contenu d'un site web pour qu'il apparaisse en haut des résultats de recherche.

Cependant, il est important de comprendre les implications juridiques liées au SEO, notamment en ce qui concerne le droit d'auteur.

C'est là que ce livre entre en jeu. Il

offre une introduction complète au SEO et au droit d'auteur en utilisant un outil de pointe, ChatGPT, pour aider les entreprises à améliorer leur référencement naturel et à augmenter leur présence en ligne.

Vous découvrirez comment utiliser ChatGPT pour générer du contenu de qualité et aide à améliorer le classement de votre site web dans les résultats de recherche.
Vous apprendrez également comment utiliser ChatGPT pour créer des titres et des descriptions accrocheurs pour vos pages, ainsi que des balises meta pour améliorer la pertinence de votre contenu pour les moteurs de recherche.

Vous y découvrirez également les dernières tendances et meilleures pratiques en matière de SEO pour vous aider à rester compétitif sur le marché en ligne.

En somme, ce livre vous offre un guide complet pour utiliser ChatGPT pour améliorer votre référencement naturel et booster votre marketing digital.

Le battage médiatique autour de ChatGPT ne s'aplatit pas. À juste titre, car c'est un outil extrêmement puissant qui pourrait révolutionner le monde du marketing.

Nous allons voir ensemble comment utiliser ce nouvel outil pour transformer vos activités en ligne, votre travail et vos revenus.

CHATGPT POUR LES CREATEURS DE CONTENUS

ChatGPT est un outil de génération de langage développé par OpenAI qui permet aux créateurs de contenus de produire rapidement et efficacement des textes de qualité.
Cet outil utilise l'apprentissage automatique pour comprendre le contexte et les tendances d'un sujet, et génère du contenu en conséquence.
Il est capable de produire des articles, des histoires, des scripts et même des programmes de dialogue.

Pour les créateurs de contenus, ChatGPT offre de nombreux avantages. Tout d'abord, il permet de gagner du temps en automatisant la production de contenu.

Les créateurs peuvent entrer des prompts ou des idées de base, et ChatGPT génère instantanément du contenu détaillé et de qualité.

Cela permet aux créateurs de se concentrer sur la création de contenu de qualité plutôt que de perdre du temps à la rédaction de textes basiques.

En outre, ChatGPT est capable de produire du contenu en différents formats et styles. Il peut générer des articles informatifs, des histoires de fiction, des scripts de films et de télévision, et même des programmes de dialogue pour les chatbots.

Cela permet aux créateurs de s'adapter à différents types de projets et de publics.

ChatGPT dispose de diverses fonctionnalités conçues pour rendre la création de contenu de plus en plus facile

I. Que fait ChatGPT?

ChatGPT est une plate-forme alimentée par l'IA qui fournit des informations significatives sur l'optimisation du contenu de votre site Web et l'optimisation des moteurs de recherche.

Il utilise le traitement du langage naturel (NLP) pour fournir des recommandations personnalisées afin d'améliorer la qualité de votre contenu.

Il dispose également d'un certain nombre d'outils pour vous aider à générer rapidement de nouvelles idées de contenu uniques basées sur les données de recherche des utilisateurs.

De cette façon, vous pouvez créer un contenu attrayant et influent qui attirera plus de visiteurs sur votre site Web et améliorera votre classement dans les moteurs de recherche.

ChatGPT dispose également d'un certain nombre d'outils d'analyse qui fournissent des informations approfondies sur les performances de votre site Web et le contenu des sites Web de vos concurrents en termes de mesures d'engagement telles que les pages vues, le temps passé sur le site Web, le taux de rebond, etc.

Cela vous aidera à identifier les domaines dans lesquels vous pourriez améliorer ou ajuster votre stratégie marketing pour augmenter les conversions sur votre site Web plus efficacement.

II. Comment utiliser Chat GPT pour la rédaction SEO

ChatGPT a connu une énorme croissance du nombre d'utilisateurs (on estime à plus d'un million) en peu de temps, grâce à la polyvalence dans le traitement du contenu qu'il met à disposition. Il peut :

- répondre aux questions directes
- fournir des listes d'éléments
- fournir une paraphrase
- Liste des synonymes
- Code élaboré
- Traduire d'une langue à une autre
- écrire des textes plus ou moins complexes et bien d'autres choses.

Gardez également à l'esprit que l'outil est encore en version bêta et que son potentiel de croissance et de raffinement est encore énorme.

III. Comment puis-je utiliser ChatGPT pour le

référencement?

ChatGPT peut également être utilisé pour le SEO pour vous aider à écrire de meilleurs titres et méta-descriptions pour les pages Web.

En utilisant des techniques de traitement du langage naturel (NLP), il peut identifier les mots-clés pertinents dans le texte et suggérer des phrases alternatives préférées par les moteurs de recherche.

Cela permet aux robots des moteurs de recherche de comprendre plus facilement le sujet de votre site Web, ce qui les aide à le classer plus haut sur leurs pages de résultats de recherche (SERP).

En outre, ChatGPT peut être utilisé pour identifier des sujets populaires liés à votre industrie ou à votre créneau et suggérer des articles connexes et d'autres formes de multimédia pouvant être utilisés dans des articles de blog ou d'autres contenus en ligne, le tout avec les meilleures pratiques de référencement à l'esprit.

IV. Recherche de mots-clés et de contenus

ChatGPT peut être utilisé pour générer des idées de nouveaux contenus basés sur un ensemble de mots-clés ou d'expressions.

Pour ce faire, il analyse les mots-clés saisis et crée une liste d'idées ou de sujets connexes qui pourraient servir de base à un nouveau contenu.

Par exemple, si un utilisateur tape le mot-clé « dressage de chien », ChatGPT peut créer une liste d'idées connexes, telles que : Les bases de l'apprentissage de la propreté pour les chiots ; Apprenez à votre chien à s'asseoir, à s'asseoir et à venir sur commande ; Comment empêcher votre chien de sauter sur les visiteurs
Et plus encore...

Ces idées peuvent ensuite être utilisées pour créer un nouveau contenu pertinent pour le mot-clé et potentiellement précieux à des fins de référencement.

ChatGPT peut non seulement fournir des idées pour de nouveaux contenus, mais aussi aider à identifier les mots-clés et les expressions connexes qui peuvent être utiles à des fins de référencement.

Par exemple, il pourrait suggérer des mots-clés à longue traîne qui sont plus spécifiques et ciblés, ont moins de concurrence et sont plus faciles à trouver dans les résultats de recherche.

La capacité de ChatGPT à générer des idées et des mots-clés connexes peut être un outil précieux pour les professionnels du référencement qui souhaitent identifier de nouvelles opportunités de contenu et optimiser leur contenu pour des mots-clés spécifiques.

V. ChatGPT pour la recherche de mots clés ; Avantages

L'utilisation de ChatGPT pour la recherche de mots clés présente de nombreux avantages, notamment:

Résultats plus rapides - Avec ChatGPT, la recherche de mots clés prend moins de temps car elle trouve rapidement les meilleurs mots-clés en fonction des requêtes des utilisateurs;

Rentable - vous n'avez pas à payer

d'argent supplémentaire pour la recherche de mots clés, car toutes les informations sont fournies gratuitement;

Données précises - Parce que ChatGPT utilise des algorithmes d'IA, il fournit des données très précises, de sorte que vous savez exactement quels termes sont recherchés; et

Facile à utiliser – Grâce à son interface intuitive, n'importe qui peut utiliser ChatGPT sans aucune connaissance ou expérience préalable avec les outils de référencement ou de recherche de mots clés.

VI. ChatGPT en SEO – Que dit Google ?

Si nous regardons les critiques à propos de ChatGTP, l'une vient de sa place par rapport au moteur de recherche Google qui se sent actuellement très menacé.

Les directives de Google pour les webmasters décrivent ce qui suit :

« Le contenu de spam généré automatiquement est un contenu créé par un programme sans créer de contenu original ou de valeur suffisante.

Ils sont principalement utilisés pour manipuler le classement de recherche - ils ne sont pas utiles pour les utilisateurs. [...]"

Donc, si vous avez des pages complètes avec du contenu généré automatiquement sur votre site, vous risquez d'être pénalisé par Google ou votre classement peut se détériorer.

Ce n'est certainement pas sans raison qu'il y a eu la mise à jour du contenu utile de Google en 2022.

Actuellement, il semble que l'algorithme de Google ne soit pas encore capable de reconnaître avec précision les textes générés automatiquement et il existe encore de nombreux sites Web qui peuvent s'en tirer avec des textes générés par l'IA.

Néanmoins, Google est un pionnier dans l'utilisation de l'intelligence artificielle et du deep learning.

1. ChatGPT pour créer des textes en SEO

Nous vous conseillons de ne pas créer de textes complets à l'aide de l'IA. D'une part, nous ne savons pas quand Google sera en mesure d'identifier les textes avec une forte probabilité de précision. Il existe maintenant des outils qui sont exclusivement là pour savoir si un texte a été écrit par une IA ou non.
Et s'ils peuvent le faire, ce n'est qu'une question de temps avant que Google ne soit capable de reconnaître les textes écrits par l'IA. D'autre part, il n'y a pas seulement un problème technique, mais aussi

stratégique : le but de l'optimisation des moteurs de recherche et du marketing de contenu est d'identifier des sujets qui n'existent pas encore et de produire du contenu qui apporte une réelle valeur ajoutée.

Les textes créés par une IA telle que ChatGPT ne peuvent pas répondre à cette exigence car ils reposent toujours sur un contenu qui existe déjà.
Dans les cas extrêmes, cela peut également conduire à une violation du droit d'auteur.

2. Que prendre en compte

avant d'utiliser ChatGPT

Plus important encore, ChatGTP devrait vous soutenir dans votre travail en tant que spécialiste du marketing en ligne, mais ne pas faire le travail à votre place.

Vous devez être en mesure d'évaluer quand un texte composé automatiquement est approprié et quand il ne l'est pas.

De plus, vous ne devez pas reprendre le contenu intact sans d'abord le vérifier et vérifier les faits.

Soyez toujours conscient de votre intention avec un contenu : Si vous voulez créer un contenu unique avec beaucoup de pertinence et de nouvelles informations, vous ne devez pas compter sur l'intelligence artificielle, mais plutôt apporter votre expertise vous-même.

Par exemple, si vous avez besoin d'un résumé du contenu ou d'inspiration pour la formulation, vous pouvez utiliser une IA de chat avec une conscience claire.

CHATGPT ET SEO

Les utilisations potentielles de ChatGPT sont nombreuses, mais l'une des applications les plus intéressantes est son utilisation pour améliorer les performances en matière de référencement (SEO).

I. Qu'est-ce que le SEO ?

Le SEO (Search Engine Optimization) est l'ensemble des techniques et stratégies utilisées pour améliorer la visibilité d'un site web dans les résultats des moteurs de recherche.

L'objectif principal du référencement est d'obtenir une position plus élevée dans les résultats des moteurs de recherche pour certains mots-clés, afin d'augmenter le trafic vers votre site Web.

De nombreux facteurs influent sur la position d'un site Web dans les résultats des moteurs de recherche, notamment la qualité et la pertinence du contenu, la structure du site Web et la présence de liens externes pointant vers le site.

Et il existe également plusieurs outils qui peuvent être utilisés.

II. Utiliser ChatGPT pour le référencement

Il n'y a rien à faire. ChatGPT est une révolution et va changer notre façon de vivre, de travailler et de communiquer. Ce que ChatGPT montre au monde est quelque chose d'absolument inimaginable pour la plupart.

Une nouveauté qui capte l'intérêt du monde entier. Mais à quel point cette révolution va-t-elle changer le monde du SEO ?

Vous trouverez ci-dessous quelques exemples d'applications ChatGPT pour le marketing en ligne.

Avertissement :

Nous ne savons que trop bien que le temps est une ressource très rare dans la vie d'un spécialiste du marketing en ligne.

Néanmoins, pour tous les cas d'utilisation décrits, vous devriez prendre le temps de vérifier les réponses de ChatGPT. S'il vous plaît, ne faites pas aveuglément confiance à l'outil, mais vérifiez les faits. Vous devriez toujours réécrire ou réadapter les textes éditoriaux.

1. Recherche de mots-clés avec ChatGPT

Avec ChatGPT, vous pouvez identifier les questions pertinentes sur votre mot-clé: « Faites une liste de 5 questions populaires sur le séminaire SEO ».

Vous pouvez également utiliser Open AI pour modifier des listes de mots clés existantes. Par exemple, vous pouvez diviser les mots-clés en différentes catégories, telles que transactionnel, navigation et informationnel. Des catégories sémantiques sont également envisageables.

2. Générez des métatitres et de descriptions

ChatGPT peut être utilisé pour créer des méta-titres et des descriptions pour les pages Web qui sont à la fois convaincantes et optimisées pour les moteurs de recherche.

Pour générer des méta-titres et des descriptions, ChatGPT peut analyser le contenu du site Web et utiliser ses capacités de traitement du langage naturel pour créer un résumé des points clés.
Il peut également incorporer des mots-clés et des expressions pertinents pour rendre le titre et la description plus conviviaux pour le référencement.

En créant des méta-titres et des descriptions à la fois convaincants et optimisés pour les moteurs de recherche, ChatGPT peut aider à augmenter la visibilité des pages Web dans les résultats de recherche et à attirer plus de visiteurs sur le site.

Cela peut être particulièrement utile pour les professionnels du référencement qui souhaitent améliorer le classement des sites Web de leurs clients dans les moteurs de recherche.

Envisagez des audits SEO pour vous assurer que les méta-titres et les descriptions créés réussissent l'audit.

3. Générer des données structurées

ChatGPT peut être utilisé pour

créer des contours et des structures pour le nouveau contenu, en veillant à ce qu'il soit bien organisé et facile à lire.

Cela peut être particulièrement utile pour les experts en référencement et les spécialistes du marketing de contenu qui souhaitent créer des contours de haute qualité pour les publications d'invités sur la création de liens ou le contenu engagcant qui peut bien se classer dans les résultats de recherche.

Pour créer un plan ou une structure pour un élément de contenu, ChatGPT peut analyser le sujet et créer une liste de sujets principaux ou secondaires qui doivent être couverts.

Il peut également suggérer des titres et des sous-titres, ainsi que l'ordre dans lequel les points doivent être présentés.

4. Recherche d'opportunités de création de liens

Une partie du travail du consultant SEO consiste à identifier les portails pertinents pour le site du client dans lesquels publier des messages d'invités, afin d'augmenter les signaux d'autorité externes.

ChatGPT est en mesure de fournir automatiquement des sites Web pertinents à la portée demandée, bien qu'il ne soit pas en mesure d'offrir des considérations personnelles sur leur valeur.

En soi, il ne peut que confirmer que ce sont tous des sites importants et vous invite à vérifier manuellement lequel vous convient le mieux.

5. Créer des filtres RegEx pour la CGC

Les expressions régulières sont délicates, surtout si vous n'avez pas encore beaucoup de pratique pour les utiliser. Encore une fois, ChatGTP peut vous aider.

Par exemple, « Générer une expression régulière qui inclut toutes ces notations : 121 watts, 12 watts, 121vatt ».

Conseil : Testez les expressions régulières avec regex101 pour vous assurer que ChatGPT a renvoyé l'expression correcte.

6. Génération de mots-clés de longue traîne et de contenu connexe

ChatGPT peut être utilisé pour générer des mots-clés à longue traîne et du contenu connexe qui peuvent être utiles pour cibler des publics ou des niches spécifiques.

Les mots-clés à longue traîne sont des termes de recherche plus longs et plus spécifiques qui sont souvent utilisés pour des publics ou des niches spécifiques.

Ils ont généralement moins de concurrence et sont plus faciles à trouver dans les résultats de recherche.

Pour générer des mots-clés à longue traîne, ChatGPT peut analyser une série de mots-clés saisis et générer une liste de phrases connexes plus longues et plus spécifiques.

Il peut également suggérer des idées de contenu basées sur ces mots-clés à longue traîne et aider à identifier de nouvelles opportunités de création de contenu.

7. Réécrivez les phrases pour éviter la répétition des mots

Vous avez un texte avec de nombreux doublons de mots mais vous n'avez pas le loisir de le réécrire ? Laissez ChatGPT le faire pour vous

Exemple : « Réécrivez ce texte tout en évitant la duplication de mots. Le sens du contenu doit être conservé: [insérer le texte ici] »

8. Générer des FAQ

Trouvez les questions les plus fréquemment posées sur votre contenu. Vous pouvez ensuite les utiliser comme FAQ.

Exemple : « Faites une liste de 3 questions fréquemment posées en fonction de ce contenu : [Insérer du texte] »

9. Générer des résumés

Tout comme les FAQ, ChatGPT peut vous aider à créer des résumés de contenu. Un exemple d'application concret serait un e-mail de suivi suite à un appel téléphonique d'un client : « Écrivez un e-mail dans lequel vous vous remerciez pour l'appel téléphonique d'aujourd'hui et abordez également les sujets abordés à partir du protocole suivant : [insérer le protocole de conversation] »

10. Trouver des

synonymes

Tout comme Synonyms.Woxikon, ChatGPT peut identifier différents synonymes pour les termes.

11. Créer des titres pour les articles de blog

ChatGPT peut être utilisé pour générer des titres pour les articles de blog en analysant le sujet principal et l'objectif de l'article et en générant un titre à la fois convaincant et informatif.

Pour générer des titres pour les articles de blog, ChatGPT peut analyser les informations saisies sur le message et utiliser ses capacités de traitement du langage naturel pour générer un titre qui résume les points clés et capte l'attention des lecteurs.

Il peut également inclure des mots-clés et des phrases pertinents pour rendre le titre plus convivial pour le référencement.

Par exemple, si les informations d'entrée d'un article de blog incluent le sujet principal et l'objectif, ChatGPT pourrait générer un titre tel que « 10 conseils pour un dressage efficace des chiens », « 5 erreurs courantes à éviter lors de la formation d'un chiot » ou « Conseils de formation pour les races de chiens populaires ».

La capacité de ChatGPT à générer des titres pour les articles de blog peut être un outil précieux pour les spécialistes du marketing de contenu et les professionnels du référencement qui souhaitent créer des titres convaincants et informatifs qui attirent les lecteurs et améliorent le classement des moteurs de recherche.

1. Optimisation de la structure du web

L'intelligence artificielle peut aider à optimiser la structure d'un site Web grâce à l'analyse de données et à l'apprentissage automatique. L'un des moyens consiste à analyser les modèles de trafic du site Web.

Les algorithmes d'IA peuvent détecter des modèles dans la façon dont les utilisateurs interagissent avec le site Web, telles que les pages les plus visitées et la façon dont les utilisateurs se déplacent sur le site.

Avec ces informations, les développeurs de sites Web peuvent réorganiser le contenu et la structure du site pour améliorer l'expérience utilisateur et augmenter l'efficacité de la navigation.

Les algorithmes d'IA peuvent analyser le site Web pour identifier les problèmes d'accessibilité, tels que les problèmes de contraste, les problèmes de navigation et les problèmes de médias non sous-titrés.

Cela aidera les développeurs à résoudre les problèmes d'accessibilité et à s'assurer que le site est accessible à tous les utilisateurs.

En bref, l'intelligence artificielle peut aider à améliorer l'expérience utilisateur, à augmenter l'efficacité de la navigation et à améliorer l'accessibilité et le référencement.

12. Optimisation de l'image

Il est possible d'utiliser GPT Chat pour générer du texte alternatif et des titres pour les images qui aident à optimiser votre présence sur les réseaux sociaux ou les moteurs de recherche.

Il pourrait également être utilisé pour générer du texte pour la publication avec l'image, aidant à contextualiser et à donner un sens au contenu visuel.

Il existe d'autres outils spécifiques pour optimiser les images tels que la compression de leur taille, l'ajustement de leur résolution, la modification de leur format, et bien d'autres options, mais ces techniques ne sont pas la spécialité de GPT-3.

13. Création de contenu personnalisé

L'autre avantage de l'utilisation de ChatGPT pour le référencement est la création de contenu personnalisé.

ChatGPT peut générer un contenu personnalisé en fonction des besoins de votre site et de vos utilisateurs, augmentant ainsi l'engagement et la pertinence de votre site.

Par exemple, si vous souhaitez créer du contenu pour votre blog sur un certain sujet, tel que la santé, vous pouvez utiliser ChatGPT pour générer automatiquement des articles personnalisés en fonction des besoins et des questions de vos utilisateurs.

Un autre exemple est de générer du contenu personnalisé pour votre campagne de marketing par e-mail, au lieu d'utiliser du contenu générique, vous pouvez utiliser ChatGPT pour générer du contenu personnalisé en fonction des préférences et des habitudes de vos utilisateurs, augmentant ainsi l'engagement et les conversions.

14. Identification des thèmes

L'identification des sujets avec GPT Chat est une technique qui utilise des algorithmes d'IA pour analyser le texte et détecter les sujets les plus pertinents.

Ceci est réalisé grâce à l'utilisation du traitement du langage naturel et de l'apprentissage automatique.

Les algorithmes peuvent analyser de grandes quantités de texte, tels que des actualités, des blogs, des réseaux sociaux et des forums, afin d'identifier les sujets les plus récurrents.

Cette technique est utile pour comprendre les tendances du marché et de l'opinion publique sur un sujet spécifique et l'utiliser pour, par exemple, un blog.

Bien qu'il faille une équipe d'experts pour effectuer une analyse solide et méthodique.

III. Avantages de l'utilisation de

l'IA pour le référencement

L'un des principaux avantages de l'utilisation de l'intelligence artificielle pour le référencement est la possibilité d'automatiser certaines tâches.

Par exemple, l'IA peut rapidement identifier les mots-clés et les expressions les plus susceptibles d'entraîner une augmentation du trafic vers votre site Web.

En combinant des ensembles de données provenant de plusieurs sources, l'IA peut également fournir un aperçu des sujets de contenu tendance avec les utilisateurs, afin que vous puissiez créer un contenu qui résonne avec votre public.

Cela facilite la concentration de vos efforts sur les domaines où ils sont susceptibles d'obtenir le meilleur retour sur investissement (ROI).

En outre, les solutions logicielles basées sur l'IA telles que Moz Pro et Semrush offrent des capacités de reporting détaillées qui facilitent plus que jamais le suivi des indicateurs de performance clés.

Un autre grand avantage de l'utilisation de l'intelligence artificielle pour le référencement est la possibilité d'aider les spécialistes du marketing à gagner du temps en automatisant les tâches fastidieuses telles que la création de liens et la recherche de mots clés. Cela signifie que plus de temps peut être consacré à la création de contenu de qualité et à la recherche de nouvelles façons de communiquer avec les utilisateurs en ligne.

En outre, la plupart des outils basés sur l'IA fournissent des recommandations personnalisées basées sur les données d'un seul utilisateur, ce qui facilite le ciblage de publics spécifiques et contribue au succès des campagnes.

IV. Inconvénients de l'utilisation de l'IA pour le référencement

Tout en utilisant l'intelligence artificielle à des fins de

référencement, il y a des avantages, il y a aussi des inconvénients potentiels.

Par exemple, certains experts soutiennent qu'une dépendance excessive à l'égard des processus automatisés pourrait entraîner un manque de créativité dans la création de contenu et les stratégies de marketing.

En outre, bien que les outils automatisés puissent générer des informations rapidement et avec précision, ils doivent acquérir la touche humaine souvent requise lors du développement de campagnes réussies ou de la création de textes attrayants.

Un autre inconvénient potentiel est

le coût; Étant donné que la plupart des solutions basées sur l'IA nécessitent un investissement initial en temps et en argent, il peut être difficile, voire impossible, pour les petites entreprises de les mettre en œuvre efficacement sans sacrifier d'autres domaines de leur budget.

PROMPTS

Pour que ChatGPT puisse répondre à vos attentes, vous devez être en mesure de lui poser les bonnes questions et si possible avec suffisamment de détails afin que les textes fournis puissent être aussi unique que possible.

Ici, nous avons regroupé la plupart des questions qu'un référenceur web peut poser à l'outil pour être satisfait.
Faites preuve d'ingéniosité à chaque fois.

I. Recherche de mots-clés

1. Trouver des requêtes à longue traîne

Répertoriez toutes les requêtes de longue traîne liées à <mot-clé>

2. Obtenir les mots-clés LSI

Générer une liste de tous les termes LSI liés à <mot-clé>

3. Classer les mots-clés par intention de recherche

Classez l'ensemble de mots-clés suivant en fonction de l'intention de recherche sous forme de tableau (informationnel, commercial et transactionnel) <liste de mots-clés>

4. Créer des clusters de mots-clés

Utilisez la liste suivante de mots-clés et regroupez-les pour créer des clusters de contenu : <liste de mots-clés>

II. SEO On-Page & Optimisation de contenu

1. Effectuer une analyse SEO On-Page de base

Faites semblant d'être un spécialiste du référencement. Effectuez un audit SEO On-page de la page Web suivante <url>

2. Sujets de contenu de remue-méninges

Générez 10 idées de contenu liées au <sujet>

3. Générer un aperçu du contenu

Créez un plan de contenu pour <rubrique>

4. Créer un brief de contenu

Créer un résumé de contenu pour un article sur < sujet >

5. Générer des titres de page par contenu

Suggérez 10 titres accrocheurs pour <sujet>

6. Générer des méta-descriptions

Générez une méta-description d'un maximum de 155 caractères, pour une page Web sur <détails du sujet>

7. Trouver et résoudre les problèmes de grammaire

Vérifiez la grammaire du contenu suivant et signalez les problèmes <contenu>

8. Sauvegardez votre contenu par des données

Prouvez une liste de statistiques ainsi que des liens de référence pour un <titre>

9. Trouver des FAQ relatives au contenu

Générer une liste de FAQ pour une page Web sur <description du sujet>

10. Rédigez des CTA forts et efficaces

Générez un puissant appel à l'action pour <produit> ciblé sur les détails de <audience>

11. Générer du texte ALT par URL

Écrire du texte ALT pour <URL de l'image>

12. Générer du texte ALT par description

Écrivez du texte ALT pour <description de l'image>

13. Gagnez des extraits en vedette en utilisant NLP contenu

Générer une réponse NLP

conviviale à <question> en bref

14. Trouver des lacunes thématiques

Trouvez les lacunes d'actualité dans le plan suivant : <aperçu du contenu>

15. Reformuler le contenu pour se débarrasser du plagiat

Reformulez le contenu suivant <contenu ici>

III. Optimisation hors page

1. Trouvez des sites Web populaires dans votre créneau

Trouvez les sites Web populaires liés à <description> pour la création de liens

2. Rédiger des courriels de sensibilisation

Rédigez un courriel d'échange de liens au nom de <votre nom, désignation> de <nom de l'entreprise> pour demander un backlink de leur <URL de leur page Web> à <URL de votre page Web>.

3. Doubler la création de liens HARO

Écrivez une réponse HARO au nom de <nom, désignation> pour <détails de requête HARO> par <nom de l'auteur>

4. Descriptions des épingles Pinterest

Écrire une description pour une épingle Pinterest pour <titre>

Conclusion

« ChatGPT, SEO et Copywriting » est un guide pratique pour améliorer votre référencement naturel et booster votre marketing digital en utilisant les dernières techniques et outils.

Il explique comment utiliser ChatGPT pour générer du contenu de qualité, optimiser vos pages pour les moteurs de recherche, et utiliser les techniques de copywriting pour attirer et convertir les clients.

En suivant les conseils de ce livre, vous pourrez augmenter votre visibilité en ligne, améliorer votre taux de conversion et augmenter vos ventes. Il est un livre essentiel pour toutes les entreprises souhaitant améliorer leur stratégie de marketing numérique.

L'optimisation des moteurs de recherche (SEO) est une pratique en constante évolution visant à rendre les sites Web conviviaux pour les moteurs de recherche.

Il n'est jamais resté le même depuis l'évolution des moteurs de recherche et des technologies émergentes.

La récente version de ChatGPT, un outil conversationnel alimenté par l'IA, semble avoir d'excellentes applications dans l'optimisation des moteurs de recherche et nous pensons avoir mis en lumière les meilleures façons de l'utiliser.

ChatGPT est capable de faire des choses incroyables ; de l'écriture de légendes de médias sociaux à la génération de codes HTML, l'outil a beaucoup à offrir et il vous offrir suffisamment d'information pour améliorer votre référencement naturel avec un peu plus de pratiques.

Du même auteur

ChatGPT pour les nuls: Guide complet d'utilisation de l'IA : https://amzn.to/3RdMMPp

Le paresseux millionnaire: Gagnez du temps et de l'argent grâce à l'Intelligence Artificielle (IA) : https://amzn.to/3DdVpnt

ChatGPT et la Saint-Valentin: Vous allez exploser de rire : https://amzn.to/3XBSIUV

Printed by Amazon Italia Logistica S.r.l.
Torrazza Piemonte (TO), Italy